Ein Bilderbuch zum Lesenlernen

1, 2, 3
Zahlen fliegt herbei

Mit Bildern von Michael Schober
Erzählt von Ingrid Uebe

Ravensburger Buchverlag

Es war einmal .

Der wohnte in einem großen

zwischen grünem  und

weißen . Da ging es dem

sehr gut. Mit seiner langen  fing er

die leckersten .

Mit seinen großen  beobachtete

er die schönsten . Tagsüber

quakte er zur goldenen hinauf

und nachts zum silbernen .

Leider fühlte sich der  ab

und zu schrecklich allein. Das

tat ihm weh, die  wurden ihm

feucht und die  schmeckten

ihm nicht mehr. Der  hockte

traurig auf einem  und sah auf

den  hinaus. Da schwammen

 und blickten freundlich

herüber. „He!", rief der . „Ich will

mit über den  schwimmen."

„Warum nicht?", riefen die .

Da sprang der  zu ihnen in den

 und schwamm mit

den 2  überall hin. Erst als

die  sank, kehrte er heim.

1 2 3

Bald darauf saß der  wieder

auf seinem und war traurig.

Nicht weit entfernt lag ein .

Der  sprang hinein und nahm

die . Dann ruderte er hinaus

auf den . Auf einmal sah er

 bunte . Die tauchten

unter die  und noch tiefer

hinab. „He!", rief der . „Lasst

mich mit unter die Seerosen tauchen."

Die  winkten ihm freundlich

mit ihren . Da hüpfte der

 aus dem  und gleich

zwischen die . Er und die

  tauchten überall hin.

Als die ☀ hinter die ⛰ sank,

war der arme 🐸 wieder allein.

Er saß auf seinem 🪨 und lauschte,

wie die 🐦 so herrlich sangen.

Doch als der 🐸 ganz still dasaß,

kamen 4 🐦 geflogen

und setzten sich vor seine 🦵.

Oh, wie fröhlich pochte sein ❤!

„Sing mit uns!", riefen die 🐦.

Und der 🐸 quakte begeistert mit.

Als der 🌙 aufging, flogen die 🐦🐦 davon und verschwanden eilig im 🌲🌲. Mit sehnsüchtigen 👀 blickte der 🐸 ihnen nach. Dann sprang er hinterher. Aber kein 🐦 ließ sich mehr sehen. Im 🌲🌲 war es finster. Nur wenige 🐇🦔 waren noch wach. Zuerst traf der 🐸 eine 🦉, bald darauf eine 🐁 und schließlich einen 🦊.

Der 🦊 jagte 5 🐰. Flink stellte der 🐸 ihm ein 🦵. „Oh, dankeschön!", riefen die 🐰 und hüpften über einen gluckernden 🏞️. Entzückt rief der 🐸: „Lasst ihr mich mithüpfen? Meine 🦵 sind so gut wie eure." Da nickten die 🐰 ihm zu. Der 🐸 zögerte keinen 👀-blick und hüpfte mit ihnen kreuz und quer durch den 🌲.

Doch irgendwann waren die  verschwunden. Der 🐸 setzte sich unter die breiten  einer uralten 🌲 und ruhte sich aus.

Plötzlich traf ihn ein 🌰.

Der 🐸 blickte nach oben. Er entdeckte 6 🐿️🐿️🐿️🐿️🐿️🐿️. Die hatten spitze 👂 und buschige 🦊. Sie kletterten auf und ab und warfen mit 🌰. „Komm rauf!", riefen die 🐿️🐿️. „Oder brauchst du vielleicht eine 🪜?" Der 🐸 lachte nur und kletterte ohne 🪜 flink in die 🌲. Da staunten die 🐿️🐿️ sehr.

1 2 3 4 5

Als die ☀ kam, verabschiedete sich der 🐸 von den 🐿️🐿️ und wanderte fort durch den 🌲. Er kam an ein kleines 🏠. Da wohnten die 7 🧙‍♂️. Sie wollten eben frühstücken und holten den 🐸 an ihren 🟩. Sie gaben ihm 🍽️ und 🥛 und teilten mit ihm, was sie hatten. Der 🐸 aß und trank und fand die 🧙‍♂️🧙‍♂️ ganz reizend.

6 7

Danach wollte der 🐸 gern spazieren gehen. Aber die 🧙‍♂️ schüttelten die 🧙‍♂️. Sie mussten mit ⛏ und 🪣 hinaus in die ⛰. Auch ihre 🏮 nahmen sie mit. Der 🐸 war ganz betrübt. Er lief durch den 🌲 ins 🏘. Vor der ⛪ begegneten ihm 8 🐕. Die wedelten sehr erfreut mit dem 🐕‍🦺.

Der  fragte: „Geht ihr mit mir spazieren?" Das wollten die  sehr gern. Alle verließen das  und liefen am entlang. Dann mussten die  leider zurück.

Der  hüpfte über den .

Drüben warteten .

„Was wollt ihr?", fragte der .

„Wir wollen spielen!", riefen die .

„Wir verstecken uns im  oder

hinter einem  oder in einem

. Und du musst uns suchen."

„Au ja", sagte der . Darauf

hielt er sich schnell die  zu

und die  versteckten sich.

Der  und die spielten

zusammen, bis die aufblinkten.

Da rief die größte plötzlich:

„Vorsicht, die  kommen!" Und

wie der waren alle weg.

1 2 3 4 5

Der 🐸 sah sich um. Da kamen

10 🐱🐱🐱🐱🐱🐱🐱🐱🐱🐱

auf leisen 🐾 über die 🌿. Ihre

grünen 👀 blitzten. Eilig wollte

er fort. Aber die 🐱 lachten:

„Du dummer 🐸, wir haben gejagt

und den 🌙 angesungen. Nun wollen

wir nur noch zu 🛏." Sie legten

sich unter den nächsten 🌳.

Der 🐸 legte sich erleichtert dazu.

Als die ☀ ihn weckte, rieb er

sich die 👀. Alle 🐱 waren

fort. Der arme 🐸 lag allein im

🌱 unterm 🌳. Doch neben ihm

stand ein 🧙 und lachte ihn an.

Oben auf dem 🌳 wuchsen lauter Zahlen. Der 🧙 pflückte eine dicke O und berührte sie mit seinem ➖. Da begann es vom 🌳 zu regnen. Es regnete 10 🐸, 20 🦆, 30 🐟, 40 🐦, 50 🐰, 60 🐿️, 70 🧝, 80 🐕, 90 🐭 und 100 🐱. Von diesem 🐸-blick an war unser 🐸 nie mehr allein.

60 | 70 | 80 | 90 | 100

1 2 3 4 5

Die Wörter zu den Bildern:

Frosch

Teich

Schilf

Seerosen

Zunge

Fliegen

Augen

Libellen

Sonne

Mond

Herz

Stein

Enten

Boot

Ruder

Fische

Flossen		Bach	
Berge		Äste	
Vögel		Tanne	
Füße		Tannenzapfen	
Wald		Eichhörnchen	
Tiere		Ohren	
Eule		Schwänze	
Fuchs		Leiter	
Hasen		Haus	
Bein		Zwerge	

Tisch 	Fluss
Teller	Mäuse 
Becher	Gras 
Köpfe 	Loch
Hacke	Sterne
Schaufel	Katzen 
Laternen 	Blitz 
Dorf	Pfoten 
Kirche 	Wiese 
Hunde	Bett

Baum   Null

Zauberer   Zauberstab

Die Schreibweise entspricht den Regeln
der neuen Rechtschreibung.

2 3 4   02 01 00

© 1999 Ravensburger Buchverlag
Illustrationen: Michael Schober · Text: Ingrid Uebe
Redaktion: Karin Amann
Printed in Germany
ISBN 3-473-33774-9